BERRYER

EN VENTE CHEZ LE MÊME LIBRAIRE

CONFESSIONS

DE MARION DELORME

PAR EUGÈNE DE MIRÈCOURT

livraisons à 25 centimes, avec gravures.

fr. l'ouvrage complet par la poste.

Paris. — Typ. de Gaittet et Cie, rue Git-le-Cœur, 7.

Carey del et sc.   Bladengue Imp r. du Four 56

BERRYER

LES CONTEMPORAINS

BERRYER

PAR

EUGÈNE DE MIRECOURT

PARIS

GUSTAVE HAVARD, ÉDITEUR

BOULEVARD DE SÉBASTOPOL

rive gauche

L'Auteur et l'Éditeur se réservent tous droits de reproduction

1858

BERRYER

Paris a vu le berceau du plus grand orateur des temps modernes.

Le 4 janvier 1790 fut le jour de la naissance de Pierre-Antoine Berryer.

Son père occupait une éminente position dans le barreau parisien, lorsque tout à coup le drame de 93 vint à dérou-

ler ses péripéties sanglantes. Au plus
fort de la Terreur, Pierre-Nicolas Berryer[1] prêta l'appui de sa parole à de
nobles infortunes et disputa courageu-
sement des têtes au bourreau.

Nous ne savons plus quel philosophe
de l'antiquité disait:

« Un homme peut rendre grâces aux
dieux, quand il a bâti une maison, fait
un bon livre et eu un fils digne de lui. »

Le père du héros de cette notice n'a
peut-être élevé aucune maison (ceci, —
n'en déplaise au sage dont nous venons
de citer les paroles, — nous semble un
motif assez médiocre de remercier le
ciel); mais il a publié un livre, intitulé

---

[1] Natif de Sainte-Menehould, en Lorraine, il mou-
rut le 25 janvier 1841.

Souvenirs, où beaucoup de points de l'histoire contemporaine sont mis en lumière, et il a eu trois fils, orgueil de ses vieux jours : Hippolyte-Nicolas Berryer, général de brigade et commandeur de la Légion-d'Honneur [1] ; Ludovic Berryer, jurisconsulte, aussi savant que modeste, et enfin le célèbre avocat dont nous allons esquisser la vie.

On raconte une anecdote charmante sur l'enfance de Berryer.

Sa famille, pour se soustraire aux persécutions des terroristes, avait cherché refuge en Touraine, et son père plaidait au barreau de Blois.

[1] Ce fut lui qui arrêta l'assassin Lecomte, lors de l'attentat de Fontainebleau.

Un jour, en plein tribunal, pendant une harangue débitée par certain avocat d'office, peu au courant de la cause, qu'il avait à soutenir, et dont les phrases embarrassées, le ton lourd et nasillard fatiguaient l'audience, notre futur orateur, âgé de deux ans et demi, bâilla d'une façon très-irrespectueuse aux côtés de sa mère, s'agita sur son banc, regarda l'avocat d'office en faisant la moue, bâilla de plus belle, et finit par dire à haute voix, de manière à être entendu de tous les coins de la salle :

— Maman, je veux m'en aller, ça m'ennuie !

On devine l'effet de l'interruption.

Le président partagea la gaîté que ces paroles de l'enfant éveillaient dans l'auditoire, et dit au malencontreux avocat :

— C'est bien , la cause est entendue.
Remettez-nous vos pièces.

Berryer; comme on le voit, dès l'âge
le plus tendre , se montrait difficile en
matière d'éloquence.

La révolution avait fermé le célèbre
collége des Oratoriens, fondé depuis
plus d'un siècle, dans l'ancienne abbaye
de Juilly; mais les Pères intrépides,
dédaignant de fuir malgré les menaces
d'échafaud, restèrent sur les ruines de
l'institution, et se trouvèrent en me-
sure de rouvrir leurs classes , le lendemain de Thermidor.

M. Berryer père plaça Pierre-Antoine,
à l'âge de six ans, dans ce collége ecclé-
siastique.

Parmi leurs grands élèves , les Oratoriens avaient alors le frère d'un général des armées républicaines.

Douze ans plus tard, Berryer fils,
étudiant à la faculté de droit, reconnut
dans un cortége qui traversait le Carrou-
sel , Jérôme Bonaparte , que le général,
son frère , devenu empereur , avait fait
roi de Westphalie.

Au collége, Antoine fut un assez pi-
toyable élève.

Il se montra dissipé, rempli de turbu-
lence et paresseux avec délices.

On a regardé comme de mauvais plai-
sants ceux de ses biographes qui ont
parlé de sa passion pour les lézards.
Cependant rien n'est plus authentique.
Nous avons connu, en 1835, un de ses

anciens compagnons de classe, qui nous
a donné là-dessus de précieux détails.

Antoine avait toujours des lézards
dans les poches de son habit, ou dans
celles de sa culotte. Il nourrissait à la
fois jusqu'à douze ou quinze de ces fré-
tillants reptiles.

— Ah! les jolis animaux! Ce sont les
êtres les mieux organisés de la création,
disait-il à ses camarades : ils aiment la
musique et le soleil !

Quand il s'agissait de ses chers lézards, il bravait la discipline; il s'expo-
sait aux plus terribles pensums.

On le voyait franchir des murs et des
palissades, afin d'aller, à la métairie
du collège, acheter pour ses favoris le

lait le plus pur, qu'il leur servait chaud,
tout au fond de son pupitre, entre le
Jardin des racines grecques et le *Gradus ad Parnassum*.

Le soir, il les emportait dans sa couchette, pour leur épargner la fraîcheur
des nuits.

Son maître d'étude lui ayant, un soir,
écrasé méchamment un superbe lézard
vert, Antoine enterra la victime au pied
d'un tilleul de la cour, et mit un crêpe
à son bras en signe de deuil.

Tous ces enfantillages, unis à une
grande paresse pour l'étude, ne l'empêchaient pas de manifester, dès lors, une
piété vive et un recueillement exemplaire à l'heure des exercices religieux.

Il puisa dans cette maison chrétienne
des principes qu'il a gardés toute sa vie,
sans jamais tenir compte des moqueries
voltairiennes, et sans humilier son front
de croyant sous le joug du respect hu-
main.

Chez Pierre-Antoine, la foi catholique
était si réelle et si profonde, qu'il voulut
se faire prêtre.

On eut une peine infinie dans sa famille à détruire cette vocation et à le
porter vers la jurisprudence [1].

Berryer quitte les Oratoriens en 1806.

Une fois hors des murs du collége, il

---

[1] Son répétiteur de droit fut M. Bonnemant, ex-
membre de la Constituante, et le savant de Guerle
fut chargé de combler les lacunes de son éducation
littéraire.

déploie pour le travail une ardeur
extrême.

Le son de la cloche ne le lui rend
plus obligatoire; il étudie librement et
avec passion. La botanique, la minéra-
logie, la physique, la physiologie, l'ana-
tomie comparée lui deviennent fami-
lières.

Mais, comme on le destine au palais[1],
et non point à l'Académie des sciences,
il est obligé de renoncer à ses travaux
de prédilection, pour entrer dans la
sombre et poudreuse étude de maître
Normand, avoué de première instance.

Il y fouille des dossiers de procédure,

[1] Son père voulait lui transmettre sa riche clientèle.

et y noircit, du matin au soir, des feuilles de timbre.

Au lieu de se révolter contre le désir
paternel, qui gêne ses goûts, le jeune
homme trouve plus simple de se rési-
gner.

Par une rapide analyse, il se rend
compte de toutes les affaires litigieuses,
passées, présentes et futures, accomplit
à lui seul la besogne du patron et de
sept ou huit clercs, apprend la chicane
en douze temps, et fait si bien qu'au
bout de six mois, le basochien le plus
ferré sur la procédure, comme le procureur le plus retors, n'ont absolument
rien à lui enseigner.

— Ma foi, disait-il en riant, puisque
c'est une pilule indispensable, avons

soin de l'avaler très-vite, afin de n'en
point sentir l'amertume!

Inscrit au tableau des avocats, recevant de son père des causes toutes mâ-
chées, ayant en conséquence beaucoup
de loisirs, ne trouvant plus sur sa route
aucun obstacle à vaincre, doué d'une
imagination excessive et d'une âme ardente, Antoine devint amoureux, mais
amoureux fou, de mademoiselle Caroline Gautier, fille de l'administrateur des
vivres de la première division militaire.

C'était une jeune personne pourvue
des plus riches qualités de l'esprit et de
la grâce.

Elle avait seize ans. Son admirateur
entrait dans sa vingt et unième année.

— Quelle folie! disaient les deux familles. Un mariage est impossible.

Or, c'est pour Berryer surtout que le
mot *impossible* n'a jamais été français.
Sa volonté, roc immuable, ne fléchit devant aucun effort, et triomphe double-
ment, toutes les fois qu'elle est au service d'une noble et digne passion.

Le mariage se conclut en 1811.

Heureux avec sa jeune femme, il ne
songeait guère, au point où nous en
sommes de son histoire, à lever contre
le gouvernement du jour la bannière de
l'opposition. L'œil ébloui par nos triomphes guerriers, il acceptait le système
impérial, et ne regrettait en aucune
sorte la liberté qu'il n'avait point connue.

9

Il paraît même que l'amour et le bonheur l'entraînaient au culte des Muses.

On a des preuves qu'il s'égarait sur le Parnasse, et cette méchante langue de Quérard[1] a retrouvé, nous ne savons où, et publié tout de son long une ode, composée par Antoine sur l'entrée de Marie-Louise et de Napoléon à Paris.

Où est le crime, s'il vous plaît, monsieur Quérard?

Un cœur vraiment national devait battre d'orgueil, en voyant la France portée par un autre Alexandre sur le trône du monde.

---

[1] Auteur des *Supercheries littéraires* et de plusieurs ouvrages très-curieux comme observation et comme étude.

Une foule de jeunes nobles entraient
alors au service et sabraient l'ennemi
aux côtés de ceux-là mêmes qui avaient
guillotiné leurs pères. Les plus grands
noms du faubourg Saint-Germain, les
familles les plus aristocratiques s'hono-
raient d'être attachés à la maison impé-
riale.

D'un bout du pays à l'autre, la
grande propriété financière se ralliait
à l'empereur, loyalement, sans arrière-
pensée, sans détour. En présence de la
dynastie nouvelle qui s'inaugurait avec
tant de force et tant de prestige, l'ancienne dynastie était complètement ou-
bliée.

Ce fut seulement lorque la trahison des
puissances amena les revers, que mille

rancunes, jusque-là cachées dans l'ombre, osèrent se produire.

Les avocats surtout, pour lesquels, comme pour les idéologues et les journalistes [1], Napoléon professait beaucoup

---

[1] L'Empereur, d'un trait de plume, avait supprimé vingt-cinq journaux. Un seul fut oublié. C'était une feuille de chou sans importance, et qui ne donnait aucun ombrage. Le caissier de ce journal, modeste employé à huit cents francs, alla trouver une cuisinière de bonne maison, dont le mari avait quelques milliers de francs en réserve. Notre caissier était au mieux dans le ménage. Expliquant à ces bonnes gens une idée industrielle que lui suggère la circonstance, il se fait donner leurs économies, prend la direction du journal, qu'il imprime, dès le lendemain, à un nombre considérable d'exemplaires, et tous les abonnés des feuilles condamnées par l'Empereur sont servis comme par enchantement. Le journal s'appelait *Journal des Débats*, et le caissier n'était rien autre que le père Bertin, dont les fils, depuis, ont fait une si haute fortune politique. L'ingrate postérité ne se souvient pas du nom de la cuisinière.

de dédain, se vengèrent en lui faisant
une guerre d'épigrammes. Parmi eux,
le colosse chancelant ne trouva pas un
bras pour le soutenir.

En lisant nos bulletins les plus dé-
plorables, en écoutant le récit de nos
défaites, ils s'écriaient avec joie :

« — *Cedant arma togæ !* »

Antoine ignorait même qu'il existât
hors des frontières un seul rejeton de la
vieille souche monarchique, et ce fut un
proscrit milanais, *il signor Buonomi*,
qui, le premier, vint lui apprendre
que tous les Bourbons n'étaient pas
morts.

Le hasard l'ayant ensuite rapproché

d'une grande famille, dont on le chargea de défendre les intérêts, il puisa
dans ces relations toutes les sympathies
dont son cœur ne s'est plus dépouillé.

Ceci eut lieu deux mois avant la chute
de l'empire.

Une grande aptitude pour ce qu'on
nomme au palais *affaires commerciales*,
une force de logique irrésistible, une
vivacité de réplique inouïe firent accepter tout d'abord le jeune avocat au nombre des sujets les plus distingués de
l'ordre.

Ses débuts étaient de véritables triomphes. Il pouvait s'écrier avec le Cid Cam-
péador :

Mes pareils à deux fois ne se font pas connaître,
Et pour leurs coups d'essais veulent des coups de maître.

A la fin de la campagne de France, madame Berryer, saisie d'effroi, en voyant le théâtre de la guerre aux portes de la capitale, pria son mari de l'accompagner à Rennes.

Celui-ci, dans ce voyage, eut le tort d'afficher trop hautement ses opinions royalistes.

Informé qu'il portait au chapeau la cocarde blanche, et qu'il distribuait au peuple des exemplaires de la proclamation du duc d'Angoulême [1], le préfet envoya des gendarmes à sa poursuite.

[1] Cette proclamation était adressée aux habitants de Bordeaux. On assure qu'à Rennes, Berryer se rendit au Palais de Justice et annonça la déchéance de l'Empereur devant tous les magistrats et les élèves de l'École de droit. Cela fit émeute.

Berryer n'eut que le temps bien juste
de se jeter dans une méchante carriole,
avec laquelle il eut une peine infinie à
gagner Nantes.

Il y arriva par des chemins affreux,
au bout de vingt-quatre heures d'angois-
ses et de périls.

Or, presque toujours le dévouement
pour une cause s'accroît en raison des
souffrances qu'on endure pour elle.

Persécuté par le préfet breton, notre
héros devient intrépide dans son roya-
lisme, et nous le retrouvons, à l'aurore
des Cent-Jours, le fusil au bras, l'œil
menaçant, prêt à faire le coup de feu
avec la jeunesse des écoles contre l'Em
pereur, dont on annonçait le retour.

Enfants étourdis, qui s'imaginaient
pouvoir combattre les vieilles phalanges
de César !

De clochers en clochers, l'aigle conti-
nua son vol.

Quand il plana sur les tours de No-
tre-Dame, nos étudiants sentirent leur
héroïsme s'éteindre, et les fusils dispa-
rurent.

Quelques historiens menteurs ont af-
firmé que Pierre-Antoine avait pris la
route de Gand, à la suite de Louis XVIII
et de M. Guizot.

L'assertion est d'une fausseté notoire.

Dégrisé de son enthousiasme guerrier,
le jeune volontaire royal se dirigea tout
simplement vers le Palais-de-Justice,

pour y continuer sa profession. Le gouvernement des Cent-Jours le laissa plaider en repos.

Voyant, trois mois après, la seconde
Restauration déchaîner sur le pays un
système de violences et organiser les
cours prévôtales, Berryer fut saisi d'un
chagrin indicible.

On a conservé de lui ces belles paroles :

« — Il est indigne d'un roi de ramas-
ser les blessés sur le champ de bataille,
pour les porter à l'échafaud. »

Tout royaliste qu'il fût dans l'âme, il
se voua noblement à la défense des
proscrits, assistant d'abord, dans le procès du maréchal Ney, son père et maître Dupin, qui depuis....

Mais alors il était vertueux !

Quoi qu'on ait pu dire, l'illustre soldat ne se faisait point illusion sur le
sentiment de la cour des pairs à son
égard.

« — Vous verrez ! disait-il à ses défen-
seurs, ces b...... là me tueront comme
un lapin ! »

Le pauvre maréchal était prophète, et
la sentence de mort fut rendue ; mais la
France n'a point été complice du meurtre.

A peine relevait-on dans l'avenue du
Luxembourg le cadavre de Michel Ney,
que le général Cambronne fut cité devant le conseil de guerre comme coupable de haute trahison. Les royalistes lui

reprochaient de n'avoir pas abandonné
l'Empereur à Waterloo.

Berryer se chargea seul de plaider
pour Cambronne.

Son discours fut sublime d'éloquence
et de dialectique. Ne craignant pas de
s'exposer lui-même à toutes les rancunes d'une implacable réaction pour ne
songer qu'au salut de son client, il
prouva que, celui-ci ayant accompagné
Napoléon à l'île d'Elbe, Napoléon restait
son unique maître, et qu'il ne devait
point obéissance à d'autres.

Cambronne fut acquitté.

Mais le procureur-général Bellart
trouva mauvais qu'on se permît de lui
arracher une victime. Il cita le jeune

avocat devant le conseil de l'ordre réuni
en assemblée disciplinaire, et l'accusa
d'avoir soutenu des maximes anti-roya-
listes et séditieuses.

Berryer, dont les opinions étaient con-
nues, en fut quitte pour un simple aver-
tissement.

Louis XVIII, admirant l'intrépidité de
son caractère et la noblesse de sa conduite, lui accorda, peu de jours après,
la grâce du général baron Debelle, con-
damné à mort par la cour prévôtale.

Moins heureux que pour Cambronne,
Berryer n'avait pu obtenir son acquittement.

Il défendit aussi les généraux Carruel
et Donnadieu, publiant avec intrépidité,

à l'occasion de ce dernier procès, un
mémoire acerbe contre le ministère Decazes, qu'il accusait d'avoir fomenté par
des menées de police l'insurrection de
Grenoble.

Ce ministère était odieux aux libé-
raux ainsi qu'aux royalistes purs, au-
trement appelés *ultras,* et qui avaient
pour chefs de colonne Chateaubriand,
Villèle et Corbière.

On interdit à Berryer, par ordre supérieur, la défense de Louvel, après
l'assassinat du duc de Berry, dans la
crainte qu'il ne se fît l'écho des récrimi-
nations des *ultras.*

En 1821, il prit part à la fondation de
la Société des *Ronnes études,* établie rue

des Fossés-Saint-Jacques, sous le patro-
nage direct de la congrégation.

Les membres de cette Société, créée
sur les mêmes bases que celle des *Bonnes lettres*, et destinée à préserver les
générations futures de la contagion des
idées libérales, se rassemblaient dans un
vaste amphithéâtre, où se faisaient les
cours, et dans une seconde salle, dite
salle de lecture, où ils étaient admis à
parcourir les journaux bien pensants et
les revues orthodoxes.

Un marchand de meubles occupe au-
jourd'hui cette maison, facile à recon-
naître à ses fenêtres en ogive.

De 1822 à 1825, Berryer professa le
droit politique à la société des *Bonnes
études*.

Sa réputation grandissait chaque jour
et lui amenait des affaires civiles aussi
nombreuses que lucratives. Une des plus
importantes fut celle qui concernait la
succession du marquis de Vérac, pair de
France et gouverneur du château de
Versailles.

Ensuite Berryer plaida pour Séguin
contre Ouvrard.

On sait avec quel acharnement et avec
quelle rage ces deux financiers en vinrent aux prises dans le champ clos ju-
diciaire. Ce fut un procès où la person-
nalité eut ses coudées franches. Les avocats, excités par la haine des plaideurs
entre eux, distillaient le venin dans leurs
harangues et traînaient la partie adverse
aux gémonies.

Berryer suivit une tactique entière-
ment contraire. Son plaidoyer fut un
chef-d'œuvre d'urbanité, de tact et de
bon goût [1].

Le lendemain, Ouvrard frappait à la
porte de son cabinet.

— Monsieur, lui dit-il, je ne résiste
pas au désir de vous adresser des félici-

[1] Jamais il ne s'est déshonoré par ces attaques
pleines d'inconvenance, qui ont fait dire à l'un de nos
premiers présidents : « Qu'il était impossible d'entendre un avocat cinq minutes sans le prendre en
flagrant délit de diffamation. » Un jour Berryer fut
victime de cette réserve sage et noble qui le caracté-
rise. Dans le procès intenté au journal ministériel
l'Étoile par les héritiers du procureur-général Cara-
deuc de la Charolais, on l'accusa de s'être montré
cauteleux, souple, insinuant, plein d'égards pour son
adversaire, et paraissant demander aux juges la grâce
du calomniateur, beaucoup plus que le châtiment de
la calomnie. Berryer protesta de toutes ses forces

tations. Vous avez un magnifique talent.

L'orateur étonné s'inclina.

— Votre plaidoirie d'hier, poursuivit Ouvrard, a été charmante, et je vous en remercie de grand cœur.

— Oh! oh! pensa Berryer, voici un plaisant original! Je comprendrais votre reconnaissance et votre admiration, monsieur, lui dit-il à haute voix, si je

contre l'indignité qu'on lui prêtait : « L'homme de parti, dit-il, n'a jamais prévalu en moi sur l'avocat; je devais plaider uniquement la question de savoir s'il était permis d'insulter à la mémoire d'un défunt en présence de ses descendants directs. Je n'avais donc qu'à discuter un point de droit, et non pas à examiner le rapport religioso-politique de la question. Je n'avais pas accepté cette tâche qui demeura toute entière à mon honorable collègue, maître Bernard (de Rennes). »

n'avais pas soutenu la cause de votre adversaire.

— Qu'importe? dit Ouvrard. Je désire
aussi l'appui de votre éloquence. Tous
mes procès ne sont pas avec Séguin, et
je vous supplie instamment de vous oc-
cuper de mes affaires sur les fourniture-
res de l'armée d'Espagne.

Berryer ne pouvait refuser un client
qui réclamait ses services avec les for-
mes les plus délicates de la politesse et de
la louange.

Un drame de cour d'assises, dont le
retentissement fut énorme, acheva de le
poser comme le roi du barreau.

Castaing, ce grand coupable, le demanda pour son défenseur.

Depuis deux ans déjà, le ministère Villèle était fondé. Voyant les royalistes de son bord déployer vis-à-vis de la liberté de la presse des tendances restrictives, notre avocat n'hésita point à leur rompre en visière et à les combattre.

Tour à tour il prêta l'appui de sa parole au *Drapeau blanc*, journal des diatribes de Martainville, et à la *Quotidienne*, journal des sermons du père Michaud. Signalant ensuite les tentatives faites en plein soleil pour gagner à prix d'or les feuilles périodiques, dont le nombre, à cette époque, était fort restreint, il cria aux ministres :

« — Vous savez acheter les opinions, vous ne savez pas les défendre ! »

En ce monde, il est difficile de dire la
vérité, même à ses ennemis. Berryer a
eu le courage plus rare de la dire à ses
amis partout et sans cesse.

On assure que M. de Villèle lui offrit
une place de procureur-général. Ce fait
est absolument faux, comme celui du
voyage de Gand. La congrégation n'ai-
mait pas le jeune orateur et le laissait
fort bien à l'écart.

Dans une notice très-remarquable sur
Berryer, nous trouvons les lignes sui-
vantes, écrites par Armand Marrast :

« Supérieur de plusieurs coudées, et par
l'intelligence et par tous les dons extérieurs
au moyen desquels elle se manifeste, à la
plupart de ces hommes de mince taille et
de mince étoffe qui arrivaient au ministère,
M. Berryer voyait passer devant lui et mon-

ter les degrés du pouvoir, jusqu'au sommet
de l'échelle, une foule d'avocats bretons ou
gascons, protégés de prélats dévots, favoris
des marquises de Prétintaille, esprits courts
et cœurs plats, race sournoise et médiocre,
dont la congrégation déposait l'œuf dans la
diplomatie ou dans les chambres, pour le
faire éclore à la chaleur du confessionnal et
sous le miel du budget.

« M. Berryer ne fut pas du nombre de ces
privilégiés de sacristie.

« Plébéien et Parisien, ces deux qualités
originelles étaient également répulsives pour
la cafarderie dominante. Ami des arts, curieux de gloire, il avait de l'aristocratie les
goûts sensuels et mondains ; mais son esprit, trempé d'humeur gauloise et de sève
nationale, méprisait la morgue des grands
et l'insolence des parvenus.

« Son éloquence spontanée, brûlante, n'é-
tait pas non plus un de ces instruments que
la main des dévots pût ployer à son gré.
Génie flâneur, il attendait son moment, ne
s'enflammait que d'inspiration, et l'inspira-

tion ne venait que lorsqu'il était ému par
quelque sentiment élevé, grandiose, cheva-
leresque.

« Tout cela pouvait faire un homme puis-
sant pour ses convictions, mais fort peu
utile pour des passions qu'il ne partageait
pas. »

Le 21 avril 1826, Berryer défend en
police correctionnelle l'abbé de Lamen-
nais, incriminé à propos du livre qui
a pour titre : *De la religion considérée
dans ses rapports avec l'ordre politique et social.*

Vers la fin de l'année suivante, il pu-
blie son fameux mémoire contre l'or-
donnance qui soumettait les petits sé-
minaires à l'inspection de l'univer-
sité.

Presque en même temps, il fonde une

vaste association pour la défense de la foi catholique [1].

Tout en ne recevant du pouvoir ni places, ni distinctions, ni faveurs, Berryer cherchait à le sortir des embarras où il se précipitait en aveugle. Nous le voyons jouer constamment le rôle de conciliateur entre les diverses fractions du parti royaliste [2]. Il conquit de la sorte une certaine importance politique, et, le

[1] M. le duc d'Havré fut président de cette association.

[2] Ces fractions étaient au nombre de quatre : 1º les ministériels purs, qui reconnaissaient pour chef M. de Villèle; 2º le parti gentillâtre et provincial, mécontent presque toujours, mais votant avec le ministère, sous la direction de M. de Polignac; 3º la toute puissante congrégation, obéissant aux ordres de MM. de la Rivière et de Montmorency; 4º enfin, quelques enfants perdus, groupés autour de M. de Labourdonnaye.

9 août 1829, à la création du ministère
Polignac, il fut désigné comme l'un des
hommes les plus propres à soutenir la
monarchie dans les circonstances pé-
rilleuses où elle se trouvait.

Berryer avait trente ans; il était éli-
gible.

Ses amis lui vinrent en aide pour
acheter la terre d'Angerville et le mettre
à la hauteur du cens électoral. Il fut
aussitôt porté à la Chambre, par un des
colléges de la Haute-Loire, en rempla-
cement de M. de Labourdonnaye, pro-
mu à la pairie.

Ce fut le 9 mars 1830, dans la discussion de l'adresse des deux cent vingt et
un, qu'il se fit entendre pour la première fois au palais Bourbon.

L'effet de son discours fut immense.

Il attaqua l'adresse comme inconsti-
tutionelle et séditieuse ; puis il traita la
question de la prérogative royale avec
une telle hauteur de vues et un talent
de parole si prodigieux, que la Chambre,
électrisée, le couvrit d'applaudissements,
et le reconnut, dès ce jour, pour son
plus grand orateur.

Une fois Berryer descendu de la tribune, M. Guizot, nouvel élu comme lui,
dit à Royer-Collard, avec ce ton pédant
et sentencieux qui le caractérisa toujours :

— Ce n'est vraiment pas trop mal.
Voilà un garçon qui annonce du talent.

— Dites : Voilà une puissance ! répondit le père de la doctrine, en haussant les épaules.

Les ministres étaient de ce dernier avis.

Seulement, cette fois encore, ils ne furent pas assez sages pour sacrifier à l'intérêt général les vieux préjugés aristocratiques.

Berryer n'avait ni quartiers de noblesse, ni blason.

Leurs excellences ne firent les choses qu'à demi, et lui députèrent M. de Crousol, avec mission de lui offrir une place de secrétaire d'État.

La modestie n'est pas de mise en politique.

— C'est trop, ou trop peu, répondit

Berryer, aussi fier de son illustration bourgeoise que ces messieurs pouvaient l'être de leurs parchemins.

Portée au cabinet, cette réponse accrut l'estime qu'on avait pour l'homme. Il fut décidé qu'au premier remaniement ministériel, on offrirait un portefeuille au célèbre orateur. Malheureusement les ordonnances de Juillet fermèrent tout à coup cette brillante perspective.

Les Bourbons reprirent le chemin de l'exil, et la Chambre donna leur couronne à la branche cadette, qui en avait depuis longtemps fort envie.

Quelle fut alors la conduite des royalistes ?

Obéissant à ce manque de courage,

dont ils ont donné tant de preuves, ils
se retirèrent de la Chambre en masse,
au lieu de protester contre l'état de
choses par tous les moyens que l'opposition laissait en leur pouvoir.

Cette retraite fut un suicide.

Berryer seul resta sur la brèche. Il
abaissa son drapeau, sans le renier, dé-
clarant qu'au-dessus des opinions il y a
la patrie, et que tout citoyen lui doit son
dévouement et son culte.

Noble principe, dont il ne s'écarta jamais ! Saint amour de la France, qui
n'est point dans le cœur des brouillons
et des ambitieux, occupés depuis soi-
xante ans à dégrader notre histoire !

« — Quand la force domine dans un

État, disait hardiment l'orateur en pleine chambre, les gens de bien doivent à la Société le tribut de leurs efforts, pour détourner de plus grands maux. »

Dix-huit années durant, ce courageux athlète resta dans la lice, toujours ferme, toujours infatigable.

« — Avez-vous fait une révolution de palais ou une révolution de principes? demandait-il au gouvernement du 7 août, qui venait de se débarrasser de Lafayette, de Lafitte et de Dupont de l'Eure. Est-ce que la souveraineté du peuple est une de ces fictions redoutables, qu'on invoque aux heures de crise, et qu'on se hâte de replonger dans les abîmes, dès qu'elle a donné la pâture aux ambitieux ? »

Un autre jour, entendant Casimir Pé-
rier prêcher l'intimidation, sous prétexte
de maintenir l'ordre, il lui jeta cette réplique écrasante :

« — L'ordre ! est-ce à vous de l'in-
voquer ? Vous en avez sapé les bases,
vous avez déchaîné l'anarchie ! Le principe vous presse, il faut en subir les
conséquences ! »

Et la gauche de battre des mains.

On a dit qu'après avoir été plus royaliste que le roi, avant 1830, Berryer,
sous le nouveau régime, se montrait
plus libéral que la liberté.

C'est possible, quand la liberté mar-
chait avec la conscience et avec l'honneur.

Malgré toutes les marques de sympathie bienveillante qu'il recevait de la
gauche, l'orateur la combattit sans repos ni trêve, lorsqu'elle demanda l'exil
perpétuel des Bourbons de la branche
aînée, la suppression de l'anniversaire
de la mort du roi martyr, le rétablisse-
ment du divorce et le mariage des prê-
tres. Chacun put l'entendre protester de
ses plus nobles et de ses plus fougueux
accents contre des mesures de proscrip-
tion, contre des souvenirs de haine, contre des tendances irréligieuses.

Au moment de la discussion sur la loi
de la pairie, Berryer se rencontra pour
la première fois avec M. Thiers sur le
terrain de l'éloquence.

En dépit d'un arsenal complet de so-

phismes, et malgré les efforts de Pichro-
cole pour embarrasser dans le nœud de
ses paradoxes les jambes de Démosthènes, celui-ci, d'un simple mot et d'un
simple geste, envoya le petit homme
rouler tout éperdu sur les ruines de sa
dialectique.

« L'orateur, dit Marrast, se révéla tout
entier, avec son regard hautain, son geste
dominateur, cet organe incomparable dont
les cordes métalliques agitent ses fibres ner-
veuses, avec cette parole qui brûle ses lè-
vres et se répand comme la flamme sur
toute une assemblée haletante et enchaînée
d'admiration par ce fluide irrésistible de la
passion oratoire. »

A cette époque, les légitimistes com-
mirent une faute grave. Ils prirent leurs
illusions pour des espérances.

4

Des hommes à la tête ardente, aux instincts chevaleresques, braves officiers
démissionnaires, oublieux des leçons du
passé, qui nous montrent comme indispensable l'épuisement complet des partis avant les restaurations monarchiques,
songèrent à recourir aux armes pour
relever le trône du petit-fils de saint
Louis.

La mère de Henri de France avait
exalté les gentilshommes fidèles et jeté
en eux l'héroïque énergie qui enflammait
son cœur.

Au mépris de tous les dangers qui
peuvent l'atteindre, elle débarque à
Marseille et traverse nos provinces cen-
trales pour gagner la Vendée.

Certes, en raisonnant au simple point de vue de l'histoire, sans tenir le moindre compte des enthousiasmes exceptionnels, sans partager les admirations de parti, sans juger du plus au moins d'imprudence de l'acte en lui-même, ce fut une grande et noble tentative que celle de cette princesse, de cette femme, de cette mère, qui venait, au milieu de périls de toutes sortes, réclamer un trône, et, comme Henri IV, son aïeul, montrer ses droits à la France au bout de l'épée.

Dans notre siècle pourri d'égoïsme et d'instincts cupides, on ne sait plus mourir pour une cause. On l'exploite; et, si le danger se présente, on l'abandonne.

Épouvanté au seul nom de guerre civile et ne croyant pas même à la possibi-
lité d'une victoire, le chef reconnu du
parti légitimiste, M. de Chateaubriand,
assisté de MM. Hyde de Neuville et de La
Ferronnaye, décide qu'il faut se mettre
en travers des plans de révolte de Madame.

« — L'heure n'est pas venue, disait-il.
Nous sommes trop près de 1830; l'im-
popularité qui a causé la défaite existe
encore. »

Chateaubriand avait raison.

Mais qui se chargera d'aller en Vendée, sous l'œil vigilant de la police de
M. Thiers, prévenir Madame et cher-
cher par le raisonnement à la con-
vaincre?

Berryer s'offre pour remplir cette mission.

Le 20 mai 1832, sous prétexte d'une affaire qu'il doit plaider devant la cour d'assises de Vannes, il part, arrive à Nantes, s'abouche avec M. de Bourmont, reçoit les indications voulues, demande un cabriolet sur l'heure et se dispose à rejoindre la duchesse, cachée assez loin de la ville,

Nous empruntons à la curieuse brochure du général Dermoncourt, La *Vendée et Madame*, plusieurs des épisodes qui vont suivre.

Conduit jusqu'à sa voiture par un homme de confiance du parti, Berryer lui demande :

— Où trouverai-je la duchesse, et quels chemins faut-il prendre?

On lui répond :

— Vous voyez au bout de la rue ce paysan monté sur un cheval gris? Suivez-le à distance, et ne vous inquiétez pas du reste.

Berryer monte en voiture. Il fouette son cheval; le paysan précurseur lance le sien au trot.

Bientôt on est en pleine campagne. Le trajet dure longtemps, et le guide mystérieux ne tourne pas une seule fois la tête. En le voyant s'inquiéter si peu de la voiture qui est derrière lui, notre député voyageur commence à se croire victime d'une mystification.

Le paysan s'arrête enfin devant l'auberge d'un petit bourg, y laisse son cheval, et continue la route à pied.

Berryer en fait autant.

Quelques minutes après, ils entrent l'un et l'autre dans une maison de pauvre apparence.

— Voilà un monsieur qu'il faut conduire, dit le guide à la maîtresse du logis.

Sans ajouter un mot de plus, il s'éclipse. Berryer salue la paysanne, qui lui présente un siége et continue de vaquer aux soins du ménage. Elle ne semble avoir aucune envie de lui adresser la parole. Au bout de trois quarts

d'heure d'attente, un homme entre. C'est
le mari.

— Voilà un monsieur qu'il faut conduire, dit laconiquement la femme à son
tour.

D'un coup d'œil rapide et scrutateur,
le Vendéen toise l'étranger. Puis il s'ap-
proche et lui fait subir l'interrogatoire
suivant :

— Monsieur voyage dans notre pays?

— Vous le voyez. Je désire même aller
plus loin.

— Monsieur a des papiers sans doute,
des papiers sous son vrai nom?

— Parfaitement.

— Si monsieur veut me les faire voir,

je lui dirai bien s'il peut continuer son
voyage.

Le député royaliste lui tend son portefeuille, et le Vendéen n'a pas plutôt lu
le nom de Berryer, qu'il s'écrie :

— Oh! très-bien ! je servirai de guide
à monsieur.

Sans plus de retard on se met en
route. Déjà la nuit tombe. Ils arrivent,
au bout d'une demi-heure de marche, à
la porte de l'une de ces métairies ven-
déennes, que le naïf habitant du Bocage
décore du titre fastueux de châteaux.
On va quérir le seigneur du lieu, qui
n'est autre que l'un des chefs de l'insurrection.

Pendant cet intervalle, Berryer voit
disparaître son second guide.

Il en a bientôt un troisième. C'est le
gentilhomme campagnard lui-même, qui
arrive après avoir fait seller deux che-
vaux frais. On s'enfonce malgré l'obscu-
rité croissante sous les sombres avenues
d'un bois voisin.

Tout à coup, au milieu de leur marche silencieuse, un cri singulier fait
tressaillir l'avocat sur sa monture.

— Ne craignez rien, dit son compa-
gnon. C'est notre éclaireur qui demande
si nous pouvons passer. Vous allez entendre la réponse.

Effectivement, un second cri, lointain
écho du premier, ne tarde pas à se re-
produire.

— Avançons, dit le gentilhomme. la

route est libre. Vous devez apercevoir,
à droite et à gauche, quelques chaumières isolées sous les arbres. Quand nous
passons, une tête d'homme se colle à la
lucarne de ces chaumières et nous ob-
serve. S'il reconnaît des culottes rouges,
l'homme en faction coupe à travers
champs et va prévenir qui de droit...
Mais silence !... Un nouveau cri de notre
éclaireur n'a pas eu de réponse. Il est
évident qu'une patrouille visite les alen-
tours. Cachons-nous.

Ils quittent le chemin et se réfugient
derrière une haie touffue qui couronne
la berge.

Presque aussitôt résonne le pas lourd
et cadencé de soldats au pas de ronde.
Que l'une des montures piaffe ou vienne

à hennir, l'avocat et le gentilhomme sont prisonniers.

Mais les bêtes imitent le silence des hommes, et la patrouille passe, ne se doutant de rien.

De transes en transes, de périls en périls, après avoir traversé des marécages où l'on enfonce jusqu'aux genoux, nos royalistes arrivent à une seconde métairie, mystérieusement enveloppée d'un rideau d'ombrages.

C'est le quartier général de l'insurrection ; c'est la résidence de Madame.

Le gentilhomme qui amène Berryer demande à voir M. Charles.

— Si c'est une affaire urgente, répond

la personne à laquelle il s'adresse, on
ira le réveiller, car il dort.

— Réveillez-le, dit le gentilhomme.

Dix minutes après, Berryer est intro-
duit dans la chambre de la duchesse.
On y arrive par un étroit escalier, dont
les planches vermoulues craquent sous
le pied du visiteur. Les murailles sont
dépouillées ; point d'ornements, point
de tentures. Pour uniques meubles, on
ne trouve là qu'une table chargée de
papiers, un lit en bois blanc équarri à
la serpe, et une chaise de paille, sur laquelle est jeté un costume complet de
jeune Vendéen avec une perruque brune.
A la tête du lit sont accrochés des pis-
tolets.

L'entretien de l'illustre légitimiste et
de la mère de Henri V se prolongea
toute la nuit.

Ce dut être un touchant dialogue, et
qui, nous l'espérons, appartiendra quelque jour à l'histoire. Le prince de l'éloquence conjura l'héroïque duchesse de
renoncer à son plan de révolte et·de
s'embarquer, pour fuir un pays où ne
l'attendait que le malheur.

Madame de Berry parut céder à ses
instantes supplications.

« — Alors, dit-elle, je ne reverrai
plus la France, car nous ne reparaîtrons
pas à la suite des armées ennemies. J'em-
porterai mon fils dans les montagnes
de la Calabre, et les étrangers ne l'au-

ront pas, monsieur Berryer, je vous le
jure ! S'il faut qu'il achète le trône par
la cession d'une province, d'une ville,
d'une forteresse, d'une chaumière comme
celle où nous sommes, Henri ne sera
jamais roi ! »

Généreuses paroles, qu'il est impossible de lire sans être ému, pour
peu qu'on ait sous la poitrine un cœur
français.

Tous ces détails analysés de la brochure dont nous avons donné le titre,
ou reproduits parfois d'une manière
quasi textuelle, en vue de l'exactitude,
sont parfaitement authentiques.

Berryer quitta Madame, prévoyant,
hélas ! que d'autres conseillers efface-

raient bien vite ses discours de la mémoire de la duchesse.

En effet, quelques heures plus tard, on
décida l'insurrection; elle éclata dans la
nuit du 3 au 4 juin.

Cependant la police, prévenue du
voyage de l'orateur en Bretagne, opé-
rait une perquisition dans son domicile
de Paris. On y trouva une pièce relative
à un projet d'emprunt romain de vingt-
cinq millions de francs. « L'État, disait
un paragraphe de cet acte indiscret,
donnera tous ses revenus en garantie
de l'emprunt. »

— Plus de doute! s'écrie le commis-
saire, Henri V cherche à soudoyer la
guerre civile[1].

[1] Berryer prouva victorieusement par la suite qu'il

Et, sur l'heure, il court montrer sa
trouvaille à Gisquet.

— Ah ! monsieur Berryer, nous vous
tenons enfin ! s'écrie le trop célèbre
préfet de police, qui se hâte, vu le
flagrant délit, de lancer un mandat
d'arrestation contre le député redou-
table.

Notre grand orateur, dont la santé se
trouvait affaiblie, préparait ses malles
pour se rendre aux eaux d'Aix, en Sa-
voie, lorsqu'il fut subitement arrêté par
des gendarmes, aux portes d'Angou-

s'agissait d'une affaire que des capitalistes français,
sur le point de traiter avec le souverain pontife,
avaient confiée à son talent de jurisconsulte, afin de
rédiger l'acte d'emprunt et d'en arranger légalement
les clauses.

lême[1], et ramené de brigade en brigade
sur la route de Nantes.

Le système cherchait à flétrir les plus
nobles caractères ; il traitait comme des
échappés du bagne les hommes du plus

---

[1] Voici le procès-verbal de son arrestation :

« L'an 1832, le 7 juin, vers une heure du matin,
nous, Martin (Édouard-Louis), brigadier, Camus (Napoléon), Durand (Jean-Baptiste), et Jeannot (Joseph),
gendarmes à cheval, en résidence à Angoulème (Charente), soussignés, certifions qu'en vertu des ordres
de nos chefs supérieurs, nous nous sommes trans-
portés sur la route qui conduit de cette ville à celle
de Cognac, pour rechercher et arrêter le *nommé* Berryer, député ; l'ayant rencontré, nous nous sommes
assurés de sa personne et l'avons conduit devant M. le
préfet de la Charente, lequel nous a délivré un réqui-
sitoire pour le conduire de brigade en brigade devant
M. le préfet de la Loire-Inférieure, à Nantes. Fait et
clos à Angoulème, les jour, mois et an que dessus.
Signé : Camus, Martin et Durand. Pour copie con-
forme, *signé :* Verthelot, greffier.

haut mérite, dès qu'il pouvait les suppo-
ser ses ennemis.

Alarmées par la guerre civile, toutes
les provinces de l'Ouest étaient dans une
exaspération terrible. La vie de Berryer
se trouva plus d'une fois compromise.
A Saint-Mathurin, le peuple voulut le
fusiller et le jeter dans la Loire. Si l'un
des gendarmes n'eût fait au prisonnier
un rempart de son corps[1], le meurtre
eût reçu son acomplissement.

On arrive à Nantes.

C'est là qu'une commission militaire
doit juger le prétendu coupable.

Enfermé dans un cachot et mis au
secret, Berryer ne peut voir ni sa femme

[1] Duvignan est le nom de ce gendarme.

ni son fils[1], ni son vieux père. On te
garde à Nantes, malgré l'arrêt solennel,
rendu le 30 juin par la cour suprême[2].
Victime de menées odieuses, il reste quatre mois entiers sous le coup d'une peine
capitale, et, — chose que l'histoire est
bien forcée de dire, — les ministres qui
juraient sa perte s'appelaient Decazes,
Pasquier, Talleyrand et Louis.

C'étaient les mêmes qui, en 1815, dans
leur frénésie royaliste, avaient couvert
la France d'échafauds.

Un magistrat, le procureur du roi de
V***, se couvrit d'opprobre en affirmant

---

[1] Arthur Berryer, qui, à cette époque, était âgé de
dix-huit ans.

[2] Cet arrêt de la cour de cassation replaçait Berryer
sous la juridiction ordinaire.

qu'il avait reçu de Berryer lui-même
l'aveu de son crime politique.

Jamais le député captif n'avait vu ce
magistrat.

Les journaux de police, diffamateurs
impunis, ne reculant pas eux-mêmes
devant le mensonge, osaient imprimer
que MM. de Chateaubriand, de Fitz-Ja-
mes et Hyde de Neuville avaient été
chargés par le prévenu lors de ses in-
terrogatoires.

Il y eut dans la presse une clameur
unanime.

Pour flétrir l'infamie de ces insinua-
tions, *la Tribune* et *le National* s'uni-
rent aux feuilles légitimistes, et l'ordre
des avocats, réuni par M. Mauguin, son

bâtonnier, vota une adresse au plus illustre de ses membres , persécuté par
la haine du juste milieu.

Devant ce *tolle* général , on eut peur.

Berryer voit enfin remettre son sort
aux mains du jury de Loir-et-Cher,
pays tranquille, que l'esprit de faction
n'aveugle pas.

A son entrée dans la salle d'audience ,
tous les avocats se découvrent ; le public les imite, et les jurés eux-mêmes se
lèvent pour saluer le grand orateur.

Le procès commence.

Un misérable , se disant ex-lieutenant
colonel des volontaires de la Charte , est
le seul témoin qui accuse Berryer. Il
prétend avoir reçu de lui deux brevets

de colonel, signés Caroline de Berry, et cinq cents francs pour des avances faites aux héros des barricades, mécontents du nouveau pouvoir, et que l'avocat, disait-il, l'avait prié d'enrôler au service du drapeau blanc.

Berryer reconnaît cet individu, qui jadis s'est présenté dans son cabinet, pour lui faire des propositions analogues à ce qu'on vient de lire.

Il affirme l'avoir fait mettre à la porte comme agent provocateur.

La signature de Madame au bas des brevets de colonel est reconnue fausse, et le sieur Chartier (c'était le nom du témoin) répète sa déposition avec tant de trouble, que le président lui impose silence et le chasse du prétoire.

Reste contre l'accusé le rapport du procureur du roi de V***.

M. Aristide de Granville prouve victorieusement par son témoignage que cette pièce est l'œuvre d'un zèle coupable.

Sur le champ, le ministère public abandonne l'accusation; les avocats renoncent à leur plaidoirie; le président résume les débats et se plaît à rendre hommage au noble caractère du prévenu; le jury sort pour délibérer, rapporte, au bout d'une minute, un verdict d'acquittement, et la salle entière éclate en bravos enthousiastes.

A persécuter Berryer le système ne gagna qu'une chose, la honte.

Il entoura son adversaire du plus éclatant de tous les prestiges, celui qui rayonne au front du soldat qui souffre pour sa cause.

L'orateur alla voyager en Suisse.

On le vit reparaître à l'ouverture de la session de 1833, aussi résolu et aussi intrépide qu'avant le jour des persécutions.

Toutefois, le juste milieu ne s'avouait pas vaincu. M. de Chateaubriand, dans son *Mémoire à consulter pour madame la duchesse de Berry*, ayant osé dire au pouvoir qu'il avait menti à toutes les promesses de la révolution, fut traduit lui-même devant la cour d'assises, et, comme on le devine, ce fut Berryer qui se chargea de sa défense.

Nous trouvons le compte rendu de ce procès dans une notice publiée par *le Droit*.

« M. Berryer, dit ce journal, défendit Chateaubriand, comme Chateaubriand devait être défendu, sans provocation, sans bravade, rendant hommage en son nom à ces rois de l'exil qu'avait adorés sa jeunesse, et que sa vieillesse devait adorer. Ceux qui l'ont entendu se souviennent de tout ce que sa harangue renfermait de sublime et de véritablement inspiré. Il y eut à sa voix une de ces impressions électriqués et involontaires, qu'il n'est donné qu'au génie de produire. »

Chateaubriand fut acquitté à son tour.

Dans la session de 1834, notre légitimiste prêta l'appui de son éloquence à deux députés [1], prévenus d'affiliation à

---

[1] MM. Audry de Puyraveau et Voyer d'Argenson.

une société secrète, la société des *Droits de l'homme.*

Il avait contracté déjà sans doute cette fameuse alliance carlo-républicaine, destinée à battre en brèche la monarchie des barricades, et dont on a voulu lui faire un crime. Chez lui, la passion politique, à cette époque, a-t-elle réellement étouffé la conscience? Nous ne le croyons pas. Encore sous le coup des traitements indignes qu'il avait essuyés, il a pu demander aux républicains honnêtes un appui capable de rendre son opposition plus sûre, sa vengeance plus efficace; mais il est douteux qu'il ait jamais voulu tendre à la démagogie sa main loyale.

« *Go a head !* en avant ! » c'est la de-
vise éternelle de Berryer.

Lorsqu'il fallut combattre, en 1835, les
lois nombreuses dont les ministres, après
l'attentat Fieschi, enveloppèrent, comme
d'un vaste réseau, les libertés conquises,
il fut magnifique d'éloquence.

Un jour qu'il occupait la tribune [1], on
put voir le geôlier de la duchesse de
Berry trépigner dans l'hémicycle et donner de violents signes d'impatience. Les
applaudissements de ses collègues lui
crispaient les nerfs.

Sur les mains de cet homme, étaient
encore les traces toutes fraîches du sang
de Dulong.

_____

[1] C'était dans la discussion de la loi sur les asso-
ciations.

Il ne craignit pas d'interrompre plusieurs fois Berryer, qui, d'abord, ne lui
envoya pour réponse que des gestes dédaigneux.

Poussé à bout par ce mépris muet,
Bugeaud s'écria, pâle de colère :

— Vous ne devriez pas être ici, vous !

— Il ne s'agit pas, monsieur, de savoir comment on entre à la Chambre,
ni *comment on en peut sortir*, dit l'orateur, désignant la place vide de l'infor-
tuné Dulong.

Cette réplique fit courir un frisson
dans toutes les veines.

M. Dupin, qui tenait le fauteuil, tra-
duisit la pensée générale, en adressant
à M. Bugeaud une sévère réprimande.

Le gardien de la citadelle de Blaye haussa les épaules et s'écria cavalièrement :

— Eh ! que m'importe?

Répondant, une autre fois, à un discours poussif de M. Barthe, Berryer dit à ses collègues :

« — M. le ministre assuré que le gouvernement de la Restauration était odieux parce qu'il avait été imposé par l'étranger... (*Voix nombreuses au centre : — Oui! oui!*) et qu'il était pour la France le triste fruit des désastres de Waterloo... (*Avec force au centre : Oui! oui!*) Eh bien! je demanderai au ministre imprudent qui a osé tenir ce langage, s'il a oublié les noms de ceux qui ne sont rentrés en France qu'à la suite de l'étranger, et en passant sur le champ de bataille de Waterloo ! ».

Son regard dédaigneux se tourna vers M. Guizot, assis au banc des ministres.

Dans la même séance, revenant à M. Barthe, qui demandait la répression des sociétés secrètes.

« — Punissez, monsieur, s'écria-t-il, punissez quiconque a la bassesse, la lâcheté de s'enfermer dans les sociétés secrètes pour y prêter des serments incendiaires contre son pays ! »[1]

Et, comme M. Guizot avait dit « qu'il ne connaissait rien de plus ignoble que

[1] M. Barthe était u_ ancien carbonaro.

le cynisme révolutionnaire, » il l'acca-
bla sous cette apostrophe terrible :

« — Il y a quelque chose de plus
ignoble encore, c'est le cynisme des
apostasies ! »

Malgré le dévouement aveugle des
centres et leur résolution ferme d'ap-
puyer le ministère quand même, il arri-
vait par sa puissance oratoire à détourner leurs votes et à reduire au néant les
projets de loi que le ministère se croyait
le plus certain de faire accepter.

Ceci eut lieu à propos de la réclama-
tion de vingt-cinq millions adressée à la
Chambre par les Etats-Unis.

On disait, le lendemain de cette fameuse lutte parlementaire, que M. Thiers

s'était élevé très-haut en éloquence...
presque au genou de M. Berryer.

Tous ces triomphes au Palais-Bourbon
flattaient l'amour-propre de l'orateur;
mais il les remportait aux dépens de sa
fortune. Il négligeait pour la politique
sa riche clientèle, menant d'ailleurs
une vie très-large, très-opulente, très-
artistique, et, nous devons le dire, un
peu dissipée.

Vers la fin de 1835, il se trouva dans
une ruine complète.

Apprenant que la terre d'Angerville
était en vente, le parti royaliste organisa
sur l'heure une souscription, sous le pa-
tronage de M. le duc de Bellune, et
quatre cent mille francs, versés aussi-

tôt, permirent à Berryer de conserver
son domaine.

Pendant qu'on lui témoignait une
marque de sympathie si réelle, il était
en Allemagne auprès des rois en exil.

Charles X le reçut à Prague avec une
grande distinction.

Le vieux monarque resta plus de deux
heures à causer avec lui dans sa chambre, comme avec son ami le plus fidèle
et le plus dévoué.

L'attentat de Fieschi fut un des points
principaux de l'entretien.

« — J'ai la confiance, s'écria le noble
vieillard, qu'aucun royaliste ne trompera
jamais dans rien de pareil ! »

Berryer dîna, le soir même, avec le

roi, avec Henri de France, avec la dau-
phine, le duc d'Angoulême[1] et Mademoiselle, grandeurs alors bien humbles,
que l'infortune avait courbées sous son
niveau terrible.

De retour en France, Berryer se rejette

[1] Ce dernier lui remit un papier qui avait pour but
de maintenir ses prétentions au titre de Louis XIX
jusqu'à la troisième restauration exclusivement, pièce
singulière qui a jeté le désordre dans le parti. On
sait que le roi Charles X et M. le dauphin avaient ab-
diqué au profit de M. le duc de Bordeaux, lors des
événements de 1830. Cette abdication était-elle abso-
lue ou conditionnelle? M. le duc de Bordeaux était-il
roi dans le sens des légitimistes? ou bien la couronne s'était-elle maintenue sur la tête du roi Charles X, la condition n'ayant point été remplie? « On
conçoit, a dit à ce sujet M. Capefigue, les divisions
des partis victorieux; mais se morceler dans le malheur, élever des questions inutiles dans l'exil, c'é-
taient là les mêmes folies qui avaient perdu les
Stuarts! »

à corps perdu dans les orages parlemen-
taires.

En 1836, il appuie la proposition
Gouin pour le remboursement des ren-
tes. Il attaque la loi de disjonction en
1837. L'année suivante, il combat le
projet relatif à l'abolition de l'esclavage.
Enfin il se montre en 1839, l'un des
plus énergiques promoteurs de la coali-
tion formée contre le cabinet Molé.

Certains royalistes ne lui pardonnent
pas d'avoir fait en pleine chambre, à
cette époque, une sorte d'apologie des
Jacobins et du comité de Salut Public[1].

---

[1] Berryer mettait au-dessous d'eux Louis-Philippe
et son gouvernement, qu'il accusait de compromettre
l'indépendance du pays et l'honneur de la nationalité
française.

Ils lui reprochèrent plus sévèrement encore d'avoir fait l'éloge de la politique extérieure de M. Thiers, ce ministre sur lequel tombaient toutes les malédictions des fidèles, de M. Thiers qui s'était fait livrer par Deutz l'héroïne de Nantes, prenant en main la bourse de Judas pour la jeter à ce juif infâme.

En dépit de ces quelques mécontents, qui ne lui passaient, dans leur rigorisme, ni les nécessités de situation ni les mouvements oratoires, Berryer n'en resta pas moins pour la masse des légitimistes le type le plus parfait de l'éloquence et de l'honneur.

Les feuilles blanches l'appelaient *notre Berryer*.

Cependant l'orateur s'arrachait parfois
à la politique et revenait au barreau
pour y plaider de grandes causes civiles
ou criminelles.

On n'a oublié ni l'affaire Dehors, dans
laquelle, avec une persistance infatigable, et devant trois jurys différents, il
disputa la tête d'un homme qu'il ne
croyait pas coupable, ni ce fameux procès La Roncière, dont les dramatiques et
saisissants détails fixèrent pendant un
mois, sur la cour d'assises de la Seine,
tous les regards de l'Europe.

Après son acquittement, Dehors, accompagné de son fils et de sa fille, se
rendit chez son défenseur et lui présenta
une liasse de billets de banque.

— Vous m'avez sauvé de l'échafaud, lui dit-il : voici toute ma fortune, elle est à vous.

Berryer prit ce qu'on lui offrait, compta la somme, en fit deux parts égales, qu'il donna, l'une à la jeune fille et l'autre à son frère, en disant :

— Mademoiselle, voici votre dot. Jeune homme, achevez avec ceci votre éducation.

Il ne voulut absolument rien conserver pour ses honoraires.

Un trait semblable est au-dessus de tout éloge. Le commenter serait l'affaiblir.

Le prince Louis Napoléon, arrêté à

Boulogne, en 1840, choisit Berryer pour
un de ses conseils devant la cour des
pairs.

Peu de temps après eut lieu le pèle-
rinage de *Belgrave-Square.*

Accusé par les ministres d'avoir été à
Londres, avec plusieurs autres députés
de sa nuance, prêter serment à Henri V,
et menacé de se voir flétrir par un paragraphe de l'adresse, Berryer répondit
à ses accusateurs en évoquant les souvenirs de 1815. Il souleva contre
M. Guizot cette tempête formidable, au
milieu de laquelle, poussé à bout par
les interpellations, celui-ci déclara que
les insultes de la gauche n'arriveraient
jamais à la hauteur de son dédain.

Cela parut sublime d'orgueil, mais voilà tout.

Les phrases du discours royaliste restèrent, comme autant de flèches aiguës, dans le flanc de M. Guizot.

« Berryer, dit Cormenin, est, après Mirabeau, le plus grand des orateurs français. Il s'établit à la tribune, il s'en empare comme s'il en était le maître, nous allions dire le despote. Sa poitrine se gonfle, son buste s'étale, sa taille s'allonge, et l'on dirait un géant. Mais ce qu'il a d'incomparable, ce qu'il a par dessus tous les autres, c'est le son de sa voix. On l'écoute, et l'on dirait que son auditoire sympathique répète tout bas en chœur les notes qui s'échappent de

ce mélodieux instrument. Il enchaine, il
retient, il délasse l'attention de ses au-
diteurs pendant plusieurs heures de
suite; il les promène, sans les égarer,
sous le péristyle et à travers les belles
colonnades de son discours. Il les
éblouit par le spectacle varié de son génie; il les tient suspendus au charme
de sa magnifique parole. »

Il faut voir Berryer à la tribune, il
faut l'entendre.

Se contenter de lire ses discours au *Mo-
niteur*, dit Armand Marast, c'est vouloir
surprendre les magnificences d'une érup-
tion volcanique, en interrogeant, le lendemain, ses cendres chaudes et son mi-
nerai figé.

A la Chambre, on montre aux visiteurs, comme un objet curieux, le pupitre du Démosthènes français.

Ce pupitre est tailladé par le canif, haché, meurtri en tous sens et de toutes manières. Jamais table de collége ne fut plus impitoyablement maltraitée.

L'*Illustration* en donne à ses lecteurs un croquis fort exact.

Il paraît que les voisins de M. Berryer lui agaçaient le système nerveux, et constamment, pendant les séances, quand son tour de parole se faisait trop attendre, il se vengeait sur le malheureux pupitre des tirades de M. Guizot ou de la faconde de M. Duchâtel.

Après la révolution de 1848, le dépar-

tement des Bouches-du-Rhône envoya
l'orateur à la Constituante et à la Législative.

Nous ne voulons pas ici nous étendre
sur le pélerinage de Wiesbaden, qui succéda pour les légitimistes à celui de
Belgrave Square, ni sur la fameuse circulaire Barthélemy qui nommait M. Berryer principal mandataire du comte de
Chambord, ni sur le projet de fusion des
deux branches, auquel notre héros ne
donna qu'un assentiment très-froid et
qu'une approbation restreinte.

Il fit un voyage à Londres, en 1849,
et rendit visite aux exilés de Claremont.

— Ah! monsieur Berryer, lui dit Marie-Amélie, pourquoi n'avons-nous pas trouvé, pendant dix-huit ans, un ministre aussi honnête homme que vous! Mon petit-fils serait roi.

Etait-ce une avance dans l'intérêt de la fusion? Berryer ne s'y montra point sensible.

Tous ces hommes qui cherchaient à se rallier aux légitimistes purs, et que, depuis 1830, il avait pu voir à l'œuvre, n'avaient ni ses sympathies ni son estime.

— Bah! s'écriait un jour devant lui certain sénateur très-connu, ne vous inquiétez pas, nous faisons le lit de Henri V!

— En ce cas, monsieur le duc, répondit Berryer, il n'y manquera pas de paillasses.

L'Académie Française appela dans son
sein le grand orateur, après la mort de
M. de Saint-Priest [1]. Huit mois aupara-
vant, l'ordre des avocats l'avait nommé
son bâtonnier.

Sans contredit, l'homme dont nous
venons d'esquisser si imparfaitement la
grande figure est un des plus rares gé-
nies du siècle, un caractère plein de
solennité, de noblesse et de force ; une
âme loyale, élevée, généreuse ; un esprit noble et fier, planant au-dessus des
séductions, incapable d'apostasie, et
restant sur la ligne droite avec une con-

[1] Il fut reçu le 22 février 1855. On a pu lire dans
les journaux la lettre qu'il écrivit à l'effet d'être dis-
pensé de la visite d'usage au chef de l'État, ainsi que
la réponse de M. Mocquart, secrétaire de l'Empereur.

stance inflexible ; un chevalier sans
peur, qui a toujours tenu haut et ferme
sa bannière.

Ici nous sommes à coup sûr dans le
sentiment universel.

Pour la centième fois, nous soutenons
que l'histoire contemporaine, écrite par
une plume qui se respecte, est l'écho le
plus fidèle de la conscience publique,
et nous mettons au défi la postérité, cette
prétendue redresseuse de torts, cette
seule historienne possible, si l'on en
croit bien des gens, de dire autre chose
de notre héros que ce que nous en di-
sons nous-même.

En éloquence, en honneur, en désin-
téressement, en civisme, il n'y a rien

au dessus de Berryer. Devant lui toutes
les passions se taisent, tous les partis
s'inclinent.

C'est un homme de génie, doublé d'un
homme de cœur.

FIN.

Mon bon ami,

Vous nous manquez beaucoup ; et
pour la chambre et surtout pour vos
réunions qui sont fréquents et graves. Vous
en avez une chez moi mercredi soir
à 8 heures et 1/2. Je vous en conjure
si votre santé vous permet de nous
arriver nous. Mille amitiés

Berryer fils

7 avril 1839.